Impressum
Verlag: BABADADA GmbH, Nedderfeld 112 , 22529 Hamburg
Geschäftsführer / Verlagsleitung: Harald Hof
Druck: Books on Demand GmbH, In de Tarpen 42, 22848 Norderstedt

Imprint
Publisher: BABADADA GmbH, Nedderfeld 112 , 22529 Hamburg, Germany
Managing Director / Publishing direction: Harald Hof
Print: Books on Demand GmbH, In de Tarpen 42, 22848 Norderstedt, Germany

المدرسة

escola

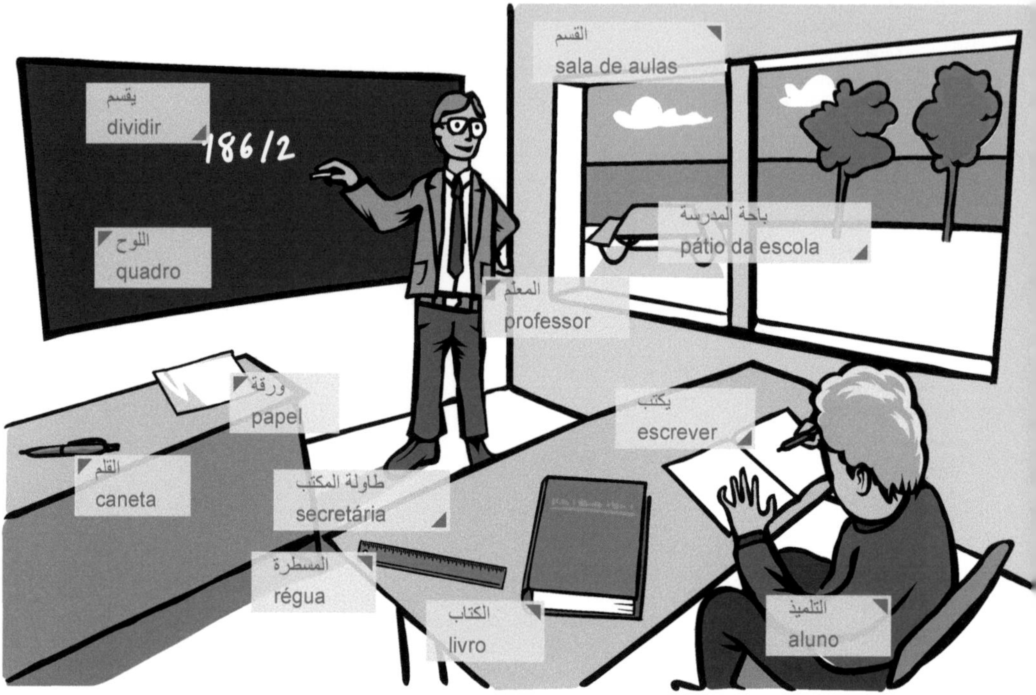

القسم
sala de aulas
يقسم
dividir
186/2
اللوح
quadro
باحة المدرسة
pátio da escola
المعلّم
professor
ورقة
papel
يكتب
escrever
القلم
caneta
طاولة المكتب
secretária
المسطرة
régua
الكتاب
livro
التلميذ
aluno

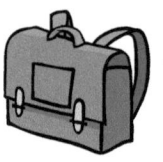

الحقيبة المدرسية

mochila

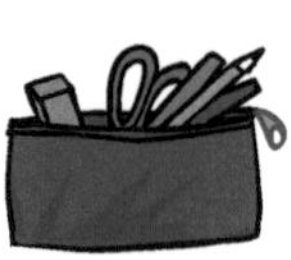

المقلمة

estojo de lápis

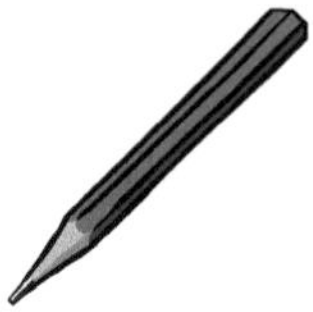

قلم الرصاص

lápis

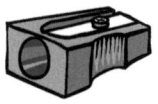

البرّاية

afia-lápis

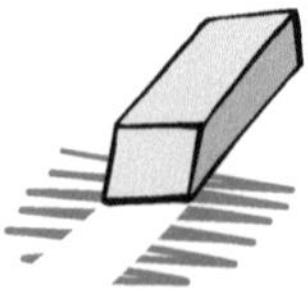

الممحاة

borracha

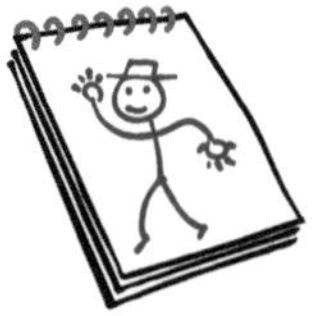

دفتر الرسم

bloco de desenho

الرسمة

desenho

الفرشاة

pincel

علبة التلوين

caixa de tintas

المقص

tesoura

المادة اللاصقة

cola

دفتر التمارين

livro de exercícios

الواجب المدرسي

trabalhos de casa

12

الرقم

número

2+2

يجمع

somar

5-2

يطرح

subtrair

2×2

يضرب

multiplicar

يحسب

calcular

A

الحرف

letra

ABCDEFG HIJKLMN OPQRSTU VWXYZ

الأبجدية

alfabeto

hello

كلمة

palavra

النص

texto

يقرأ

ler

الطبشور

giz

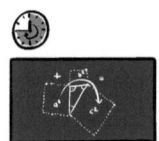

الحصة

hora

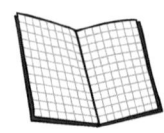

دفتر الدوام المدرسي

registo de presenças

الامتحان

exame

شهادة

certificado

اللباس المدرسي

uniforme escolar

التعليم

educação

الموسوعة

enciclopédia

الجامعة

universidade

المجهر

microscópio

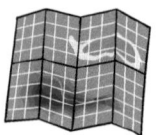

الخريطة

mapa

قماما

cesto de lixo

سفر

viagem

Grand
فندق
hotel
بيت الشباب
hostel
ROOMS
CHANGE
مكتب صرافة
casa de câmbio
حقيبة
mala
سيارة
carro

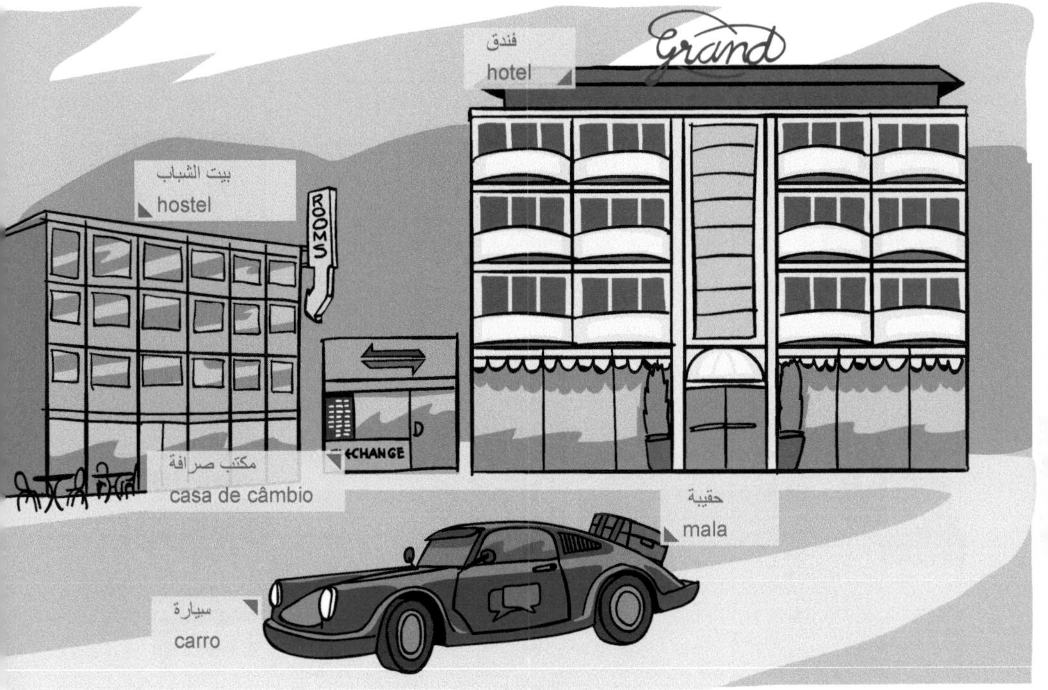

اللغة

idioma

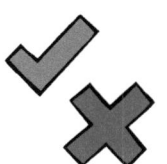

نعم / لا

sim / não

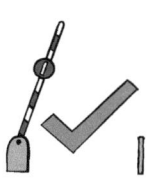

حسناً

ok / certo / correto

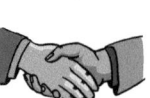

مرحبا

olá

مترجم

intérprete

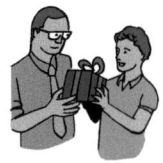

شكراً

obrigado

كم ثمن ... ؟

quanto é que custa... ?

لا أفهم

não entendo

مشكلة

problema

مساء الخير

boa noite!

صباح الخير!

Bom dia!

ليلة سعيدة

Boa noite!

إلى اللقاء

adeus

اتجاه

direção

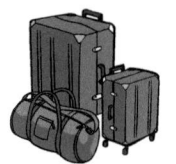

أمتعة السفر

bagagem

حقيبة

saco

حقيبة ظهر

mochila

ضيف

convidado

غرفة

quarto

كيس للنوم

saco-cama

خيمة

tenda

استعلامات سياحية

informação turística

شاطئ

praia

بطاقة ائتمان

cartão de crédito

إفطار

pequeno-almoço

طعام الغداء

almoço

العشاء

jantar

بطاقة سفر

bilhete

مصعد

elevador

طابع بريدي

selo postal

حدود

fronteira

الجمارك

alfândega

سفارة

embaixada

تأشيرة

visto

جواز سفر

passaporte

transporte

طائرة
aviأn

سفينة
navio

سيارة إطفاء
carro de bombeiros

حافلة
autocarro

سيارة شاحنة
camião

زورق آلي
barco a motor

درّاجة
bicicleta

سيارة
carro

عبارة
cacilheiro

قارب
barco

دراجة نارية
mota

سيارة شرطة
carro de polícia

سيارة سباق
carro de corrida

سيارة مستأجرة
carro alugado

أسلوب تشاركي في استئجار السيارات

....

carsharing

سيارة للجر

....

camião de reboque

سيارة نقل القمامة

....

camião do lixo

محرك

....

motor

وقود

....

combustível

محطة وقود

....

estação de serviço

إشارة مرور

....

sinal de trânsito

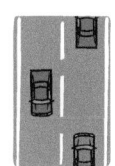

حركة السير

....

trânsito

ازدحام سير

....

congestionamento de
trânsito

موقف سيارات

....

parque de estacionamento

محطة قطار

....

estação ferroviária

سكك حديدية

....

carris

قطار

....

comboio

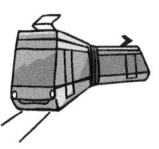

ترام

....

elétrico

عربة قطار

....

carruagem

طائرة مروحية

helicóptero

مطار

aeroporto

برج

torre

مسافر

passageiro

حاوية

contentor

علبة كرتون

caixa de papelão

عربة يد

carrinho

سلّة

cesto

يقلع / يهبط

levantar voo / aterrar

مدينة

cidade

قرية

aldeia

مركز المدينة

centro da cidade

بيت

casa

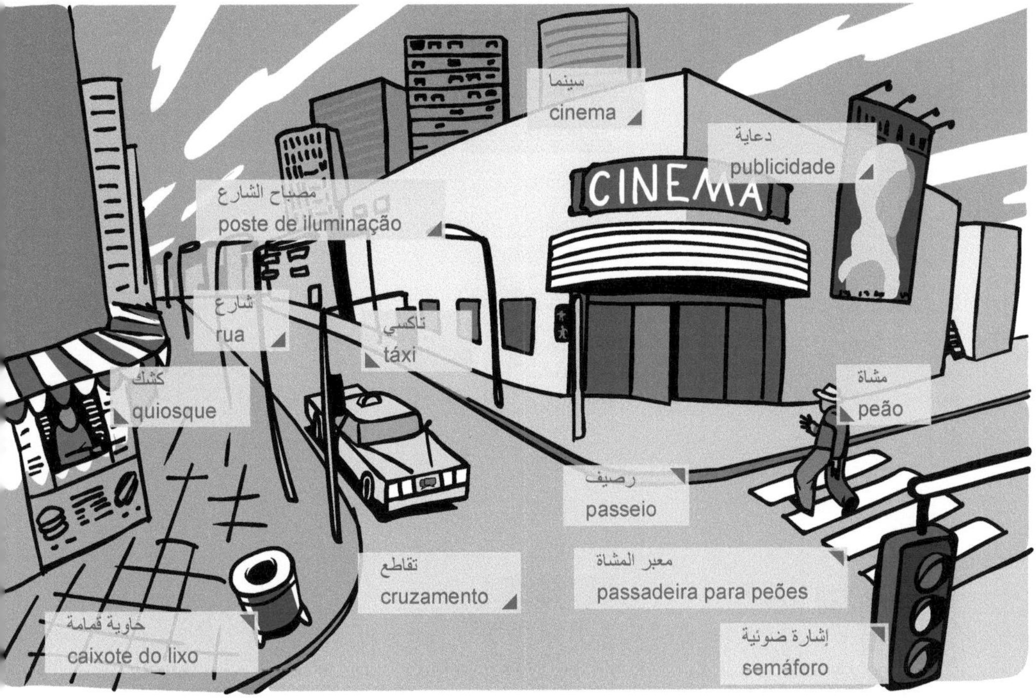

سينما
cinema

دعاية
publicidade

مصباح الشارع
poste de iluminação

CINEMA

كشك
quiosque

شارع
rua

تاكسي
táxi

مشاة
peão

رصيف
passeio

تقاطع
cruzamento

معبر المشاة
passadeira para peões

حاوية قمامة
caixote do lixo

إشارة ضوئية
semáforo

كوخ
cabana

شقة
apartamento

محطة قطار
estação ferroviária

دار البلدية
câmara municipal

متحف
museu

المدرسة
escola

الجامعة

universidade

مصرف

banco

المستشفى

hospital

فندق

hotel

صيدلية

farmácia

مكتب

escritório

مكتبة

livraria

متجر

loja

محل لبيع الزهور

florista

سوبرماركت

supermercado

سوق

mercado

متجر كبير

loja de departamentos

تاجر السمك

peixaria

مركز تسوّق

centro comercial

ميناء

porto

حديقة عامة

parque

مقعد

banco

جسر

ponte

درج، سلم

escadas

مترو

metro

نفق

túnel

موقف حافلات

paragem de autocarro

بار

bar

مطعم

restaurante

صندوق البريد

caixa de correio

لافتة باسم الشارع

sinal de trânsito

مقياس زمن الوقوف

parquímetro

حديقة حيوانات

jardim zoológico

مسبح

piscina

مسجد

mesquita

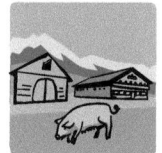

مزرعة

quinta

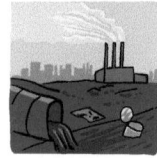

تلوث البيئة

poluição

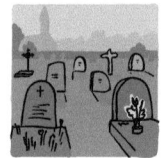

مقبرة

cemitério

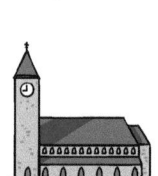

كنيسة

igreja

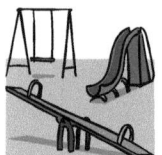

ملعب الأطفال

parque infantil

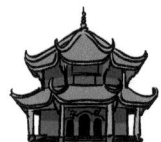

معبد

templo

طبيعة ريفية

paisagem

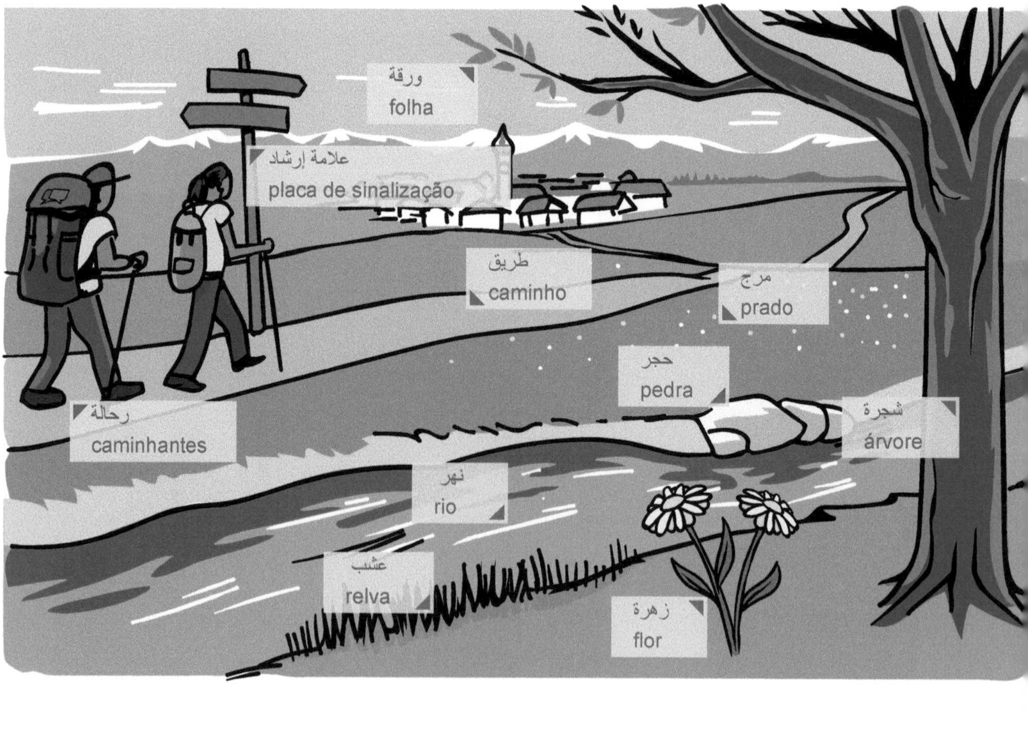
ورقة
folha
علامة إرشاد
placa de sinalização
طريق
caminho
مرج
prado
حجر
pedra
رحالة
caminhantes
شجرة
árvore
نهر
rio
عشب
relva
زهرة
flor

واد

vale

جبل

montanha

بحيرة

lago

غابة

floresta

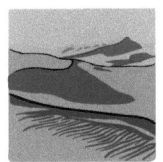

صحراء

deserto

بركان

vulcão

قلعة

castelo

قوس قزح

arco-íris

فطر

cogumelo

نخلة

palma

بعوض

mosquito

ذبابة

mosca

نملة

formiga

نحلة

abelha

عنكبوت

aranha

خنفساء

besouro

ضفدعة

sapo

سنجاب

esquilo

قنفذ

ouriço

أرنب

lebre

بومة

coruja

عصفور

pássaro

بجعة

cisne

خنزير برّي

javali

غزال

veado

إلكة

alce

سد

barragem

دولاب الطاحونة الهوائية

turbina eólica

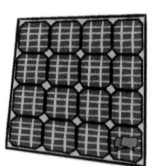

خلية شمسية

painel solar

مناخ

clima

مطعم
restaurante

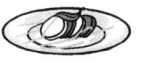

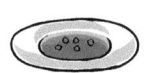

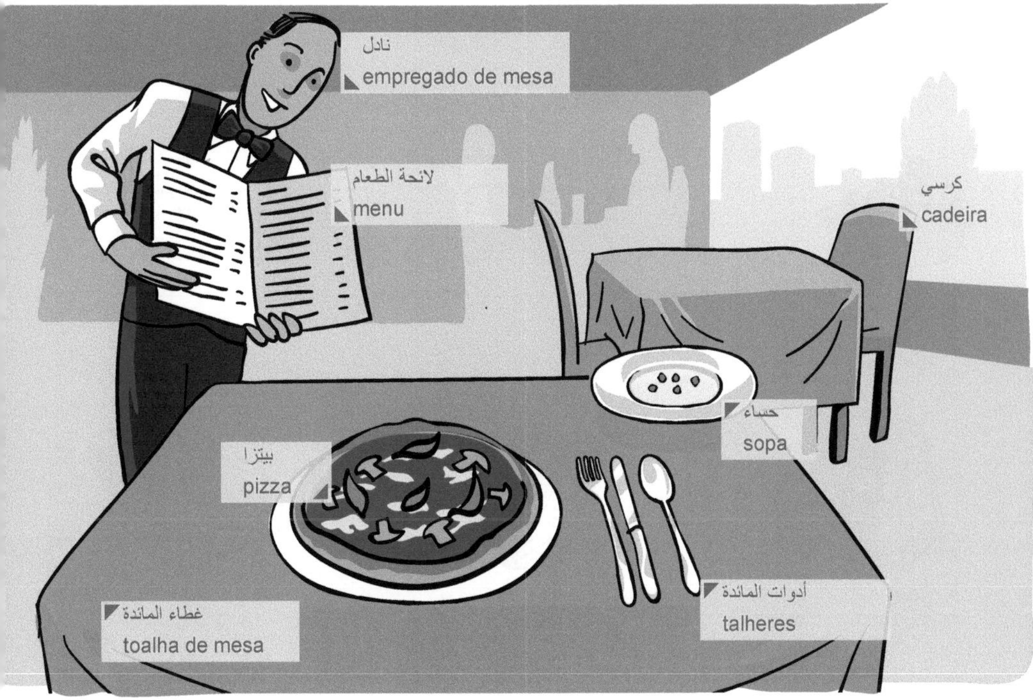

نادل
empregado de mesa
لائحة الطعام
menu
كرسي
cadeira
حساء
sopa
بيتزا
pizza
أدوات المائدة
talheres
غطاء المائدة
toalha de mesa

مقبلات
entrada

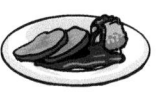

الصحن الرئيسي
prato principal

حلوى أو فاكهة بعد الطعام
sobremesa

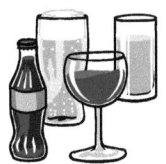

مشروبات
bebidas

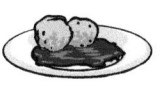

طعام
comida

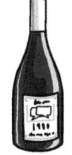

زجاجة
garrafa

وجبات سريعة

fast food

طعام الشارع

comida de rua

إبريق الشاي

bule de chá

علبة السكر

açucareiro

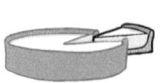

حصّة

porção

آلة الإسبريسو

máquina de café expresso

كرسي عالٍ

cadeira alta

فاتورة

conta

صينية

bandeja

سكين

faca

شوكة

garfo

ملعقة

colher

ملعقة الشاي

colher de chá

منديل المائدة

guardanapo

كأس

copo

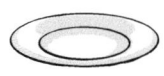

صحن

prato

صحن الحساء

prato de sopa

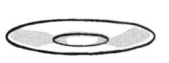

صحن الفنجان

pires

صلصة

molho

مملحة

saleiro

مطحنة الفلفل

moinho de pimenta

خلّ

vinagre

زيت الطعام

óleo

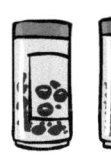

توابل

especiarias

كتشاب

ketchup

خردل

mostarda

مايونيز

maionese

سوبرماركت

supermercado

عرض خاص
oferta especial
FOR
زبون
cliente
مشتقات الحليب
laticínios
فواكه
fruta
عربة تسوق
carrinho de compras

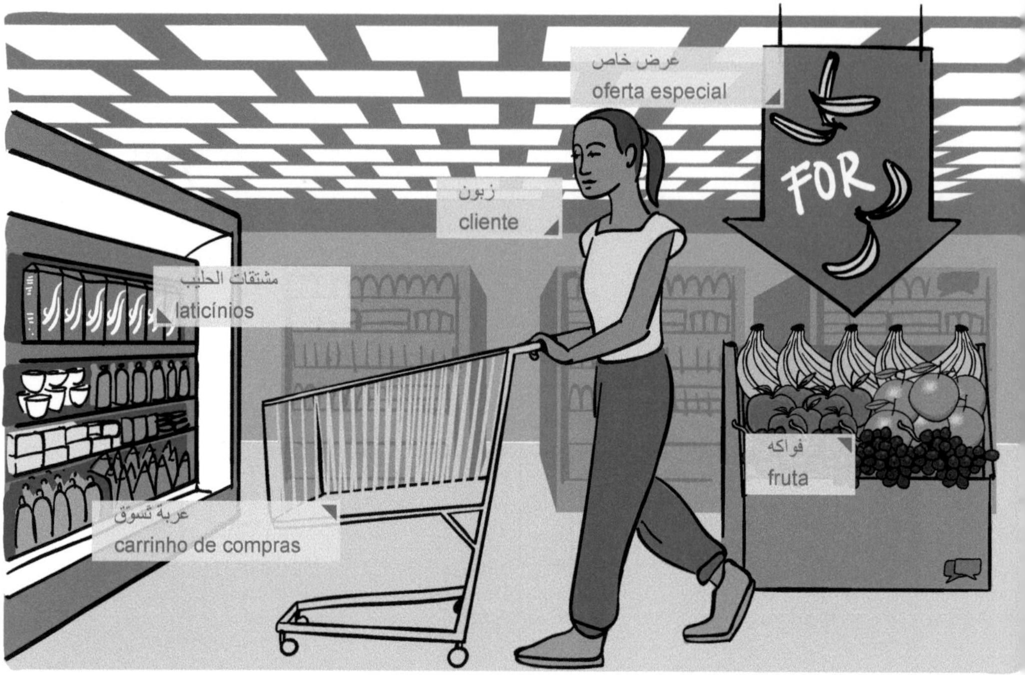

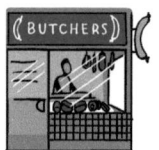

BUTCHERS

جزّار

talho

BAKERY

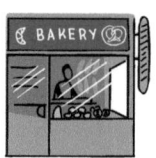

مخبز

padaria

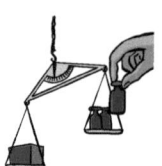

يزن

pesar

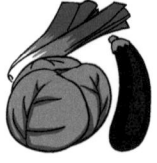

خضار

vegetais

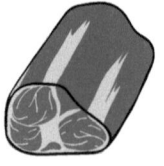

لحم

carne

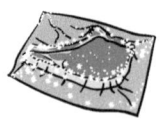

المأكولات المجمّدة

alimentos congelados

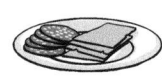

مرتدلا أو جبن

charcutaria

معلّبات

comida enlatada

مسحوق الغسيل

detergente em pó

حلويات

doces

المواد المنزلية

artigos domésticos

منظّفات

produtos de limpeza

بائعة

vendedora

صندوق الحساب

caixa

أمين صندوق

caixa

قائمة المشتريات

lista de compras

أوقات العمل

horário de funcionamento

محفظة النقود

carteira

بطاقة ائتمان

cartão de crédito

حقيبة

saco

كيس بلاستيكي

saco de plástico

bebidas

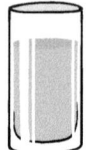

ماء

água

عصير

sumo

حليب

leite

كولا

coca-cola

نبيذ

vinho

بيرة

cerveja

كحول

álcool

كاكاو

cacau

شاي

chá

قهوة

café

قهوة إسبريسو

café expresso

كابوتشينو

capuccino

موزة

banana

تفاح

maçã

برتقال

laranja

بطيخ

melão

ليمون

limão

جزرة

cenoura

ثوم

alho

خيزران

bambu

بصل

cebola

فطر

cogumelo

لوزيات

nozes

شعيرية

talharim

سباغيتي

esparguete

أرزّ

arroz

سلطة

salada

بطاطا مقلية

batatas fritas

بطاطا مقلية

batatas fritas

بيتزا

pizza

هامبورغر

hambúrguer

ساندويش

sanduíche

شريحة لحم مقلية

bife panado

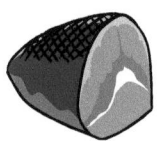

لحم خنزير

fiambre

سلامي

salame

سجق

salsicha

دجاج

galinha

لحم محمر

assado

سمك

peixe

دقيق الشوفان

flocos de aveia

موسلي

muesli

كورن فلكس

flocos de milho

طحين

farinha

كرواسان

croissant

خبز صغير

carcaça (pãozinho)

خبز

pão

خبز محمص

torrada

بسكويت

biscoitos

زبدة

manteiga

لبن زبادي

requeijão

كعكة

bolo

بيضة

ovo

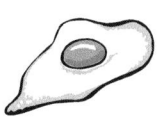

بيض مقلي

ovo estrelado

جبنة

queijo

مثلجات

gelado

سكر

açúcar

عسل

mel

مربّى الفاكهة

compota

كريم النوغا

creme de nougat

الكاري

caril

مزرعة
quinta

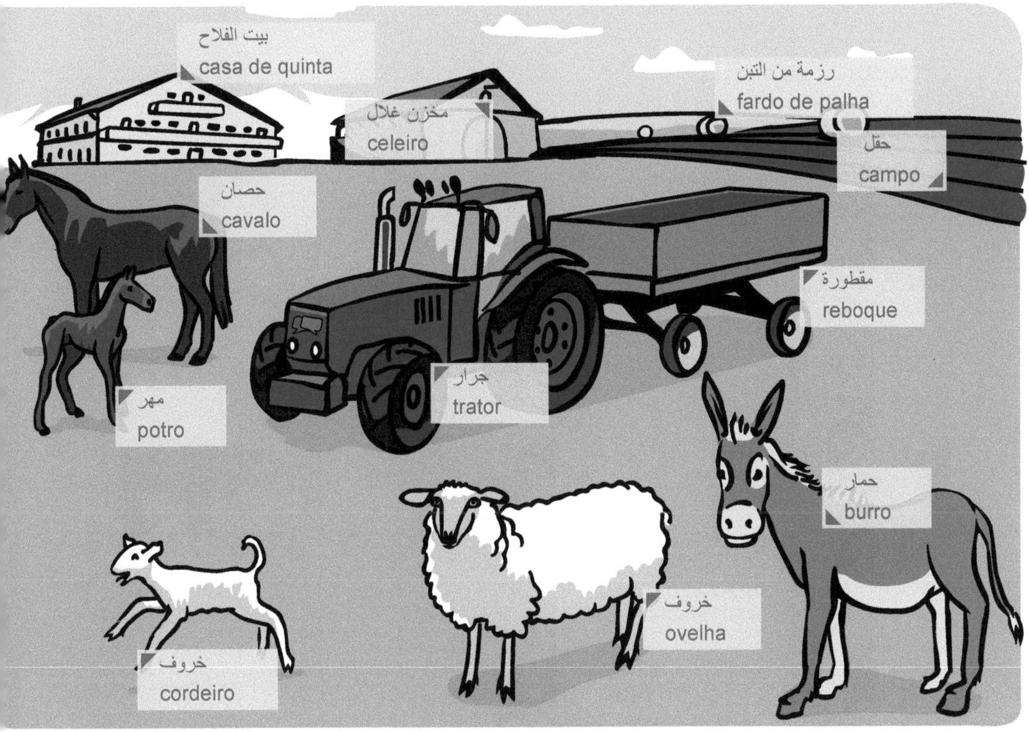

بيت الفلاح
casa de quinta
مخزن غلال
celeiro
رزمة من التبن
fardo de palha
حقل
campo
حصان
cavalo
مقطورة
reboque
مهر
potro
جرار
trator
حمار
burro
خروف
ovelha
خروف
cordeiro

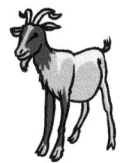

ماعز

cabra

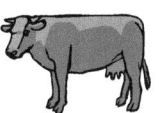

بقرة

vaca

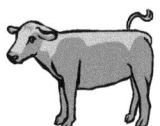

عجل

bezerro

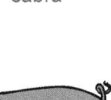

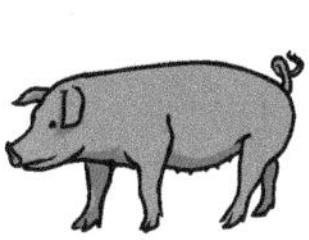

خنزير

porco

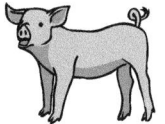

خنزير صغير

leitão

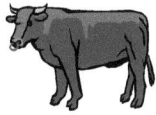

ثور

touro

إوزّة

ganso

بطة

pato

صوص

pintaínho

دجاجة

galinha

ديك

galo

جرذ

ratazana

قطّة

gato

فأر

rato

ثور

boi

كلب

cão

كوخ الكلب

casota

خرطوم الحديقة

mangueira de jardim

إبريق

regador

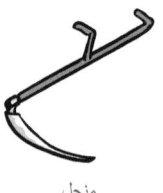

منجل

foice

المحراث

arado

منجل

foice

معزقة

enxada

مذراة الزبل

forquilha

بلطة

machado

عربة يد

carrinho de mão

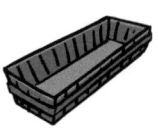

معلف

manjedoura

صفيحة الحليب

jarro de leite

كيس

saco

سياج

cerca

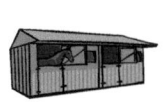

اصطبل

estábulo

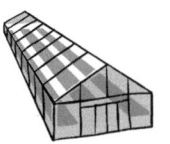

دفيئة

estufa

تربة

solo

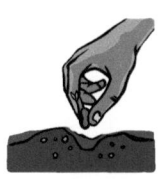

بذور

semente

سماد

fertilizante

حصّادة درّاسة

ceifeira-debulhadora

يحصد

colher

محصول

colheita

بطاطا يامس

inhame

قمح

trigo

صويا

soja

بطاطا

batata

ذرة

milho

سلجم

colza

شجرة فاكهة

árvore de fruto

نبات منيهوت

mandioca

الحبوب

cereais

بيت

casa

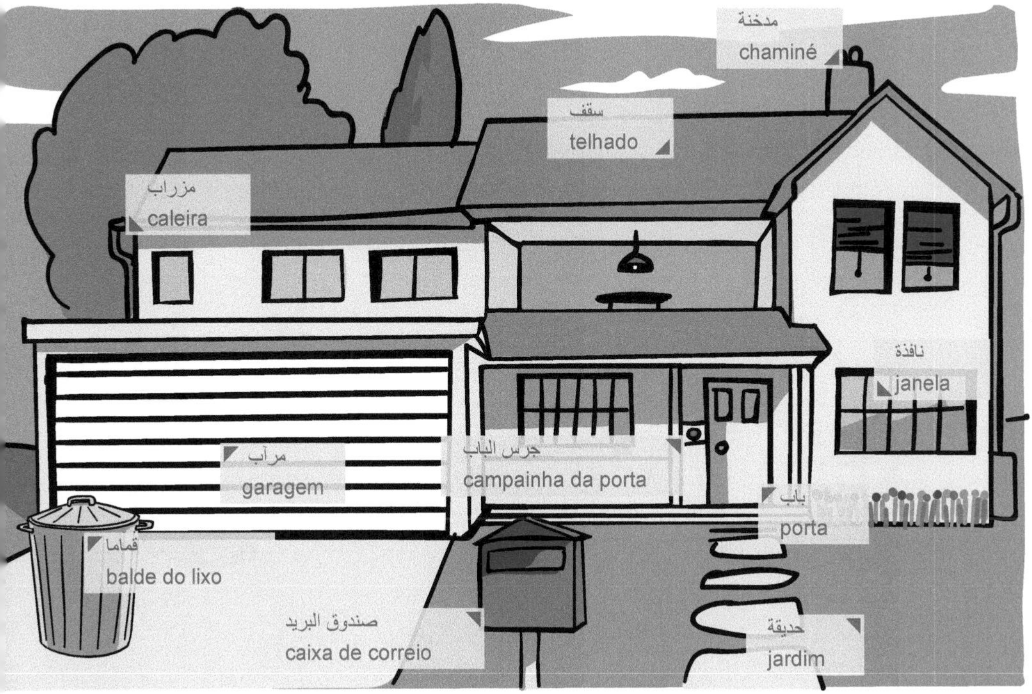
مدخنة
chaminé
سقف
telhado
مزراب
caleira
نافذة
janela
مرآب
garagem
جرس الباب
campainha da porta
باب
porta
قماما
balde do lixo
صندوق البريد
caixa de correio
حديقة
jardim

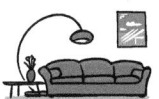

غرفة جلوس

sala de estar

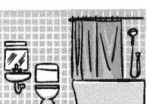

الحمّام

casa de banho

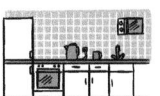

مطبخ

cozinha

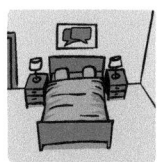

غرفة النوم

quarto de dormir

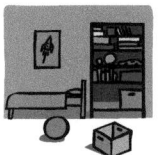

غرفة الأطفال

quarto de criança

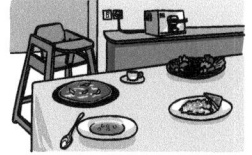

غرفة الطعام

sala de jantar

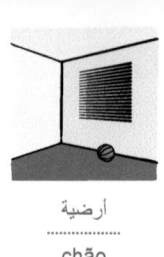

أرضية

chão

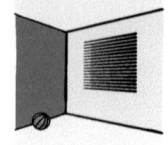

حائط

parede

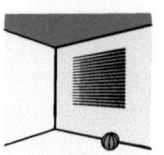

سقف

teto

قبو

cave

ساونا

sauna

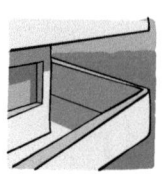

بلكون

varanda

شُرفة

terraço

مسبح

piscina

جزّازة العُشب

máquina de cortar relvado

بياضات السرير

lençol

بطانية

cobertor

سرير

cama

مكنسة

vassoura

سطل

balde

مفتاح كهربائي

interruptor

غرفة جلوس

sala de estar

ورق جدران
papel de parede
صورة
imagem
مصباح كهربائي
lâmpada
رف
prateleira
خزانة
armário
تلفزيون
televisão
موقد مفتوح
lareira
زهرة
flor
وسادة
almofada
كنبة
sofá
مزهرية
vaso
تحكم عن بعد
controlo remoto

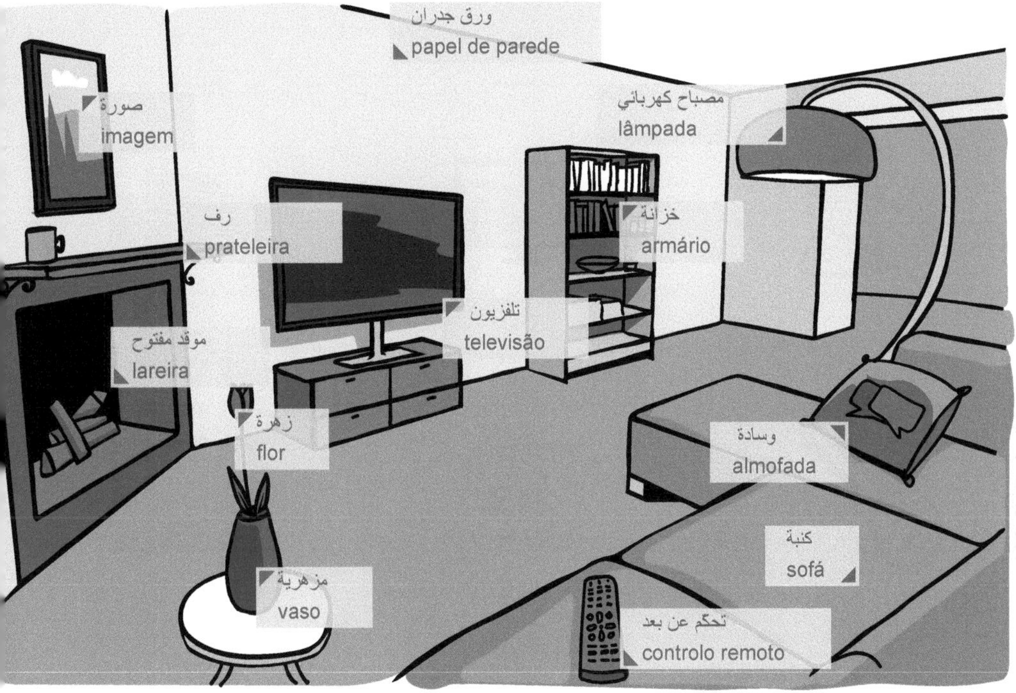

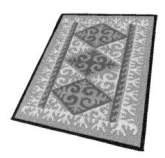

بصاط

tapete

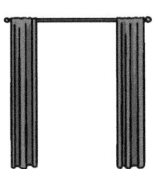

ستارة

cortina

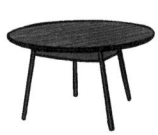

طاولة

mesa

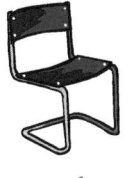

كرسي

cadeira

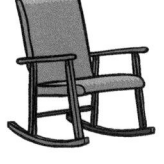

كرسي هزّاز

cadeira de baloiço

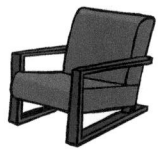

كرسي ذو ذراعين

poltrona

الكتاب

livro

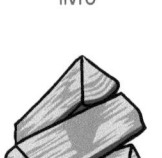

بطانية

cobertor

زخرفة

decoração

الحطب

lenha

فيلم

filme

تجهيزات ستيريو

sistema estéreo

مفتاح

chave

جريدة

jornal

لوحة مرسومة

pintura

مُلصق

póster

راديو

rádio

دفتر ملاحظات

bloco de notas

المكنسة الكهربائية

aspirador

صبّار

cato

شمعة

vela

مطبخ
cozinha

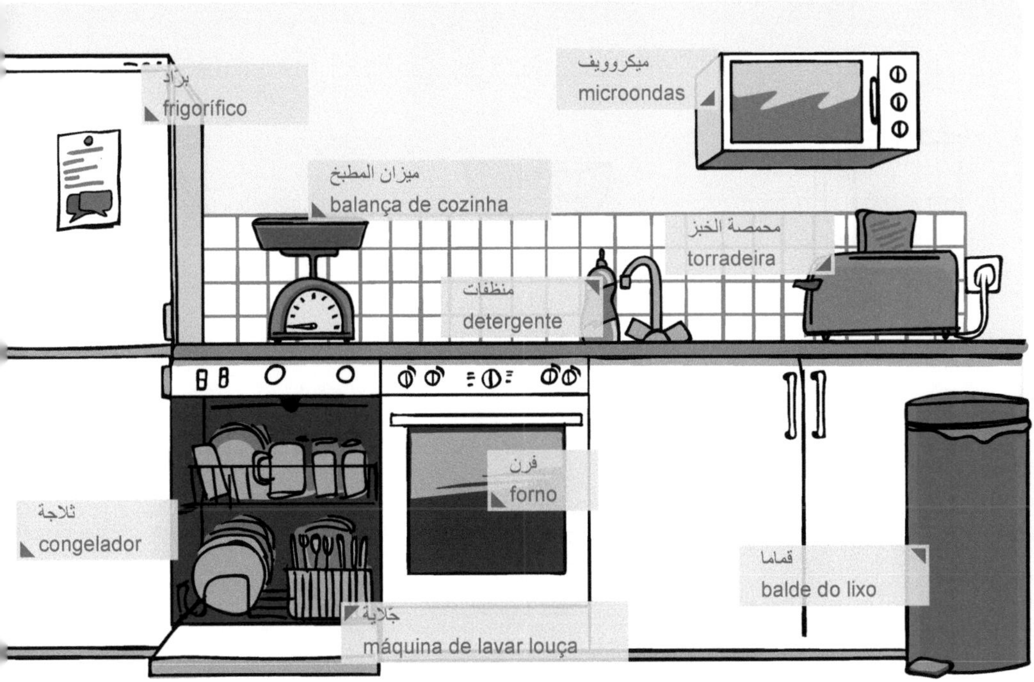

برّاد
frigorífico
ميكروويف
microondas
ميزان المطبخ
balança de cozinha
محمصة الخبز
torradeira
منظفات
detergente
فرن
forno
ثلاجة
congelador
قماما
balde do lixo
جَلاية
máquina de lavar louça

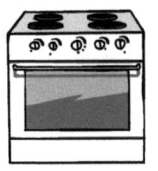

موقد
....
fogão

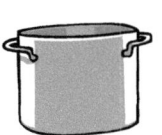

قِدر
....
panela

وعاء من الحديد
....
panela de ferro

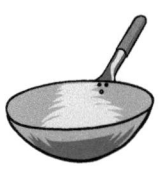

قدر صيني
....
wok / kadai

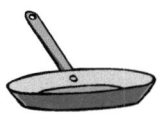

مقلاة
....
frigideira

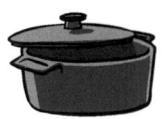

غلاية
....
chaleira

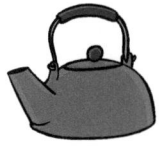

قدر البخار

panela a vapor

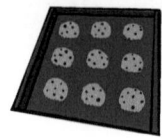

صينية

tabuleiro de forno

أواني

louça

فنجان

caneca

صحن

tigela

عيدان الأكل

pauzinhos

مغرفة

concha de sopa

ملعقة منبسطة

espátula

خفاقة

batedor de claras

مصفاة

escorredor

مصفاة

peneira

مِبْشرة

ralador

هاون

almofariz

شواء

churrasqueira

موقد

lareira

لوح التقطيع

tábua de cortar

نشّابة

rolo da massa

مفتاح الزجاجات

saca-rolhas

علبة

lata

مفتاح العلب المعدنية

abridor de latas

قماش الفرن

luvas de forno

مجلى

lava-loiça

فرشاة

escova

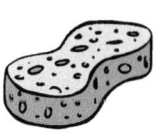

إسفنج

esponja

خلّاط

liquidificador

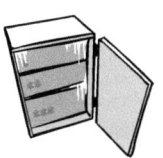

مجمّدة

arca frigorífica

زجاجة الطفل

biberão

صنبور الماء

torneira

casa de banho

تدفئة
aquecimento

دوش
chuveiro

منشفة
toalha

ستارة الدوش
cortina de chuveiro

حمّام رغوة
banho de espuma

حوض الحمّام
banheira

كأس
copo

غسّالة
máquina de lavar roupa

بلاط
azulejos

صنبور الماء
torneira

قفازات مطاطية
penico

مجلى
lava-loiça

حمّام
sanita

مرحاض القرفصاء
retrete turca

حوض التشطيف
bidé

مبولة
urinol

ورق المرحاض
papel higiénico

فرشاة الحمّام
piaçaba

فرشاة الأسنان

escova de dentes

معجون الأسنان

pasta de dentes

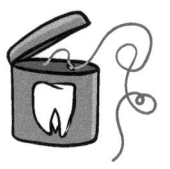

خيط حرير لتنظيف الأسنان

fio dentário

يغسل

lavar

رشاش ماء يدوي

chuveiro de mão

شطاف

duche íntimo

حوض الغسيل

bacia

فرشاة الظهر

escova para as costas

صابون

sabonete

جيل الدوش

gel de banho

شامبو

champô

ممسحة

toalha de rosto

مصرف للماء

escoamento

مرهم

creme

مزيل الروائح

desodorizante

مرآة

espelho

مرآة يد

espelho de mão

موس حلاقة

máquina de barbear

رغوة الحلاقة

creme de barbear

كولونيا

loção pós-barba

مشط

pente

فرشاة

escova

سشوار

secador de cabelo

مثبت للشعر

spray de cabelo

ماكياج

maquilhagem

روج

batom

طلاء أظافر

verniz de unhas

قطن

algodão

مقص أظافر

tesoura para unhas

عطر

perfume

سلّة الغسيل

nécessaire

مقعد صغير

tamborete

ميزان

balança

معطف الحمام

roupão de banho

قفازات مطاطية

luvas de borracha

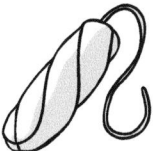

سدادة قطنية

tampão

منشفة صحية

penso higiénico

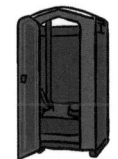

تواليت كيميائية

WC químico

quarto de criança

منتّبه
despertador

الحيوانات المحنطة
peluche

سيارة لعبة
carro de brincar

بيت الدمى
casa de bonecas

سيارة لعبة
carro de brincar

هدية
presente

خشخشة
chocalho

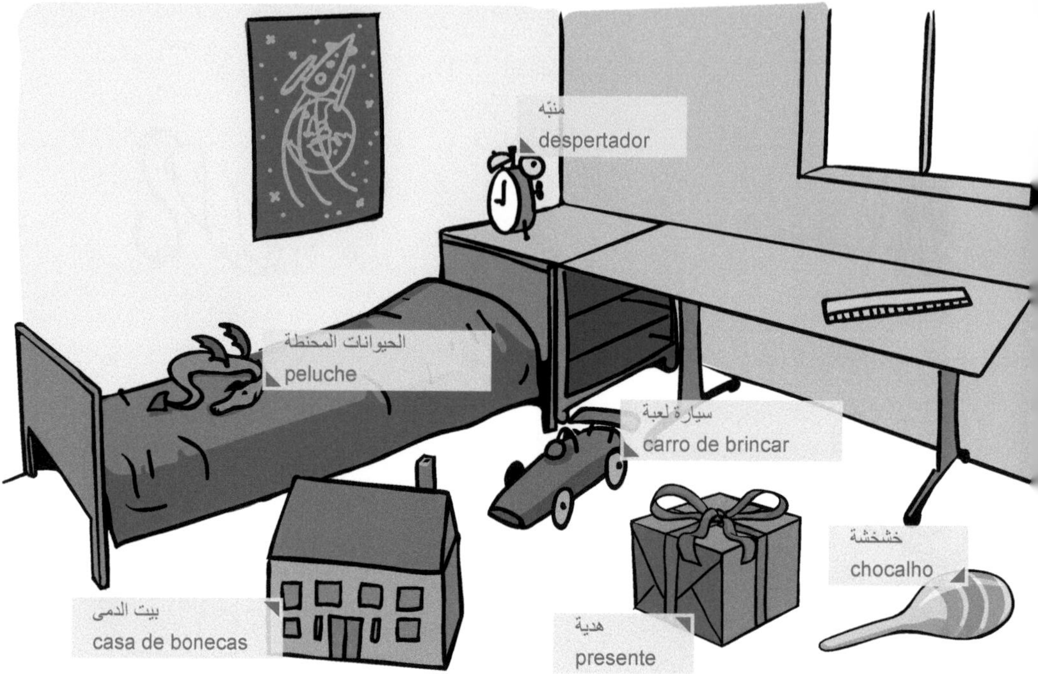

بالون
balão

سرير
cama

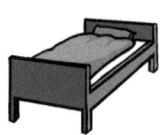

عربة الأطفال
carrinho de bebé

لعبة الورق
jogo de cartas

أحجية
quebra-cabeças

رسوم هزلية
banda desenhada

أحجار الليغو

peças de Lego

حجارة تركيب

blocos de construção

دمية بطل

figura de ação

لباس الطفل

fato de bebé

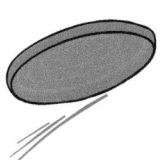

فريسبي

Frisbee

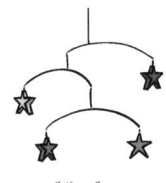

دمية معلّقة

móbile para bebé

لعبة الطاولة

jogo de tabuleiro

لعبة النرد

dados

لعبة قطار

pista de comboio elétrico

مصّاصة

chupeta

حفلة

festa

كتاب مصوّر

livro ilustrado

كرة

bola

دمية

boneca

يلعب

jogar

ملعب رملي للأطفال

caixa de areia

أرجوحة

baloiço

لعبة

brinquedos

ألعاب فيديو

consola de jogos

دراجة ثلاثية

triciclo

دمية على شكل الدب

ursinho de peluche

خزانة الثياب

guarda-roupa

ثياب

vestuário

جوارب قصيرة

meias

جوارب طويلة

meias pelo joelho

جورب بنطلون

meias-calças

شال
cachecol

شمسية
guarda-chuva

تي شيرت
t-shirt

حزام
cinto

حذاء شتوي
botas

شبشب
chinelos

أحذية رياضية
sapatilhas

صندل
....
sandálias

حذاء
....
sapatos

جزمة كاوتشوك
....
botas de borracha

سروال داخلي
....
cuecas

صدّارة
....
sutiã

قميص داخلي
....
camisola interior

لباس ملاصق للجسم
....
body

بنطلون
....
calças

جينز
....
calças de ganga

تنورة
....
saia

بلوزة
....
blusa

قميص
....
camisa

سترة قطنية
....
pulôver

كنزة كم طويل
....
camisola com capuz

سترة فضفاضة
....
blazer

سترة
....
casaco

معطف
....
manto

معطف مطري
....
gabardina

زي - طقم نسائي
....
traje

ثوب
....
vestido

ثوب الزفاف
....
vestido de casamento

طقم

fato

قميص نوم

camisa de dormir

بيجاما

pijama

ساري

sari

حجاب

lenço de cabeça

عمامة

turbante

برقع

burca

قفطان

cafetã

عباءة

abaya

مايوه

fato de banho

سروال سباحة

calções de banho

شرت

calções

بدلة رياضية

fato de treino

منزر

avental

قفازات

luvas

زر
botão

نظّارة
óculos

إسوارة
pulseira

عقد
colar

خاتم
anel

قرط
brinco

طاقيّة
boné

علاقة ثياب
cabide

قبّعة
chapéu

ربطة العنق
gravata

سحّاب
fecho de correr

خوذة
capacete

حمّالة البنطلون
suspensórios

اللباس المدرسي
uniforme escolar

زي موحّد
uniforme

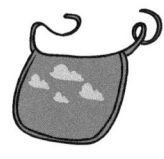

مريلة الأطفال

babete

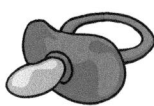

مصّاصة

chupeta

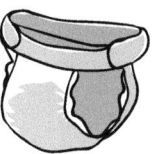

لفافة

fralda

مكتب

escritório

المخدّم
servidor
خزانة الملفات
armário de arquivo
طابعة
impressora
ورقة
papel
شاشة
ecrã
فارة
rato
طاولة المكتب
secretária
ملف
pasta
لوحة المفاتيح
teclado
قمامة
cesto de lixo
حاسوب
computador
كرسي
cadeira

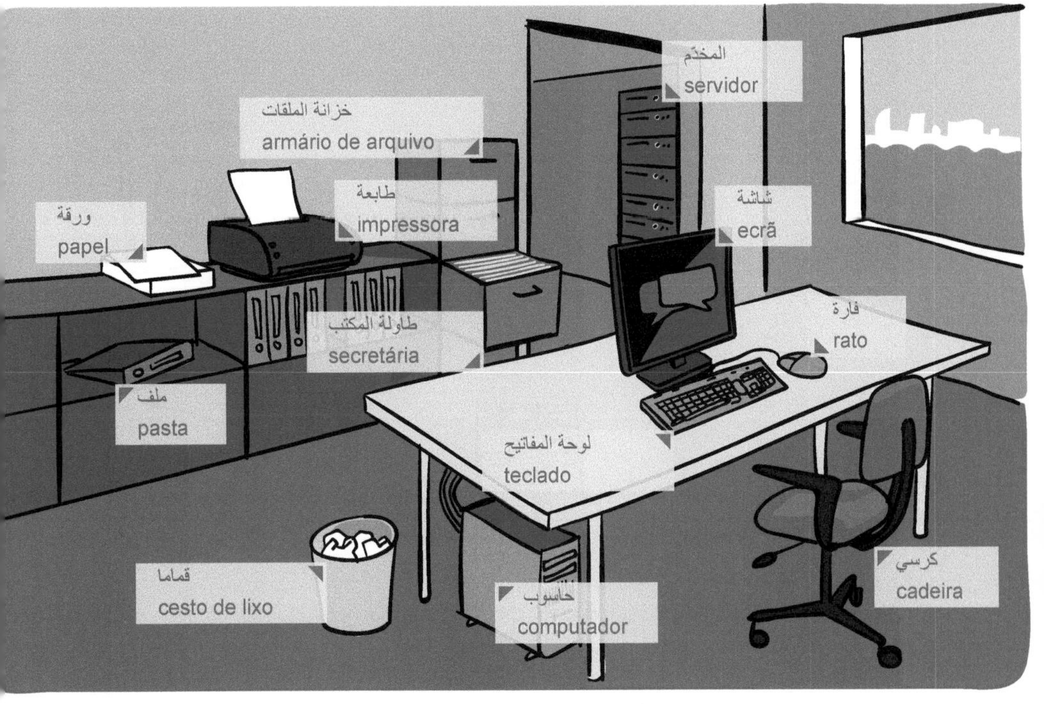

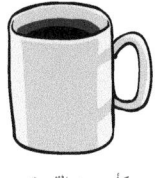

كأس من القهوة

caneca de café

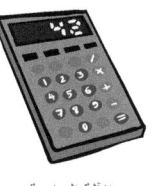

الآلة الحاسبة

calculadora

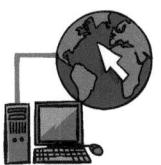

الإنترنت

internet

الحاسوب المحمول

computador portátil

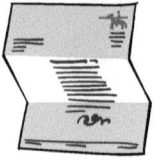

رسالة

carta

خبر

mensagem

الهاتف المحمول

telemóvel

شبكة

rede

جهاز تصوير

fotocopiadora

البرمجيات

software

هاتف

telefone

مقبس كهرباني

tomada elétrica

فاكس

fax

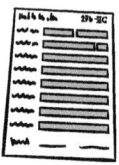

استمارة

formulário

وثيقة

documento

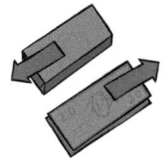

يشتري

comprar

يدفع

pagar

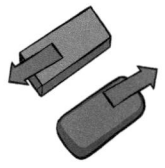

يتاجر

negociar

مال

dinheiro

دولار

dólar

يورو

euro

ين

yen

روبل

rublo

فرنك سويسري

franco suíço

يوان

renminbi yuan

روبية

rupia

صرّاف آلي

caixa de multibanco

مكتب صرافة

casa de câmbio

ذهب

ouro

فضة

prata

نفط

petróleo

طاقة

energia

سعر

preço

عقد

contrato

ضريبة

imposto

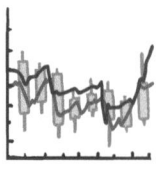

سهم

ação

يعمل

trabalhar

موظف

empregado

رب العمل

entidade patronal

مصنع

fábrica

متجر

loja

الشرطي
agente da polícia

رجل إطفاء
bombeiro

طبّاخ
cozinheiro

الطبيب
médico

طيّار
piloto

بستاني
jardineiro

نجّار
carpinteiro

خيّاطة
costureira

قاضٍ
juiz

كيميائي
químico

ممثّل
ator

سائق حافلة

motorista de autocarro

سائق تاكسي

motorista de táxi

صياد سمك

pescador

أجيرة للتنظيف

empregada de limpeza

بنّاء سقف

telhador

نادل

empregado de mesa

صيّاد

caçador

رسّام

pintor

خبّاز

padeiro

كهربائي

eletricista

عامل بناء

construtor

مهندس

engenheiro

لحّام

talhante

سمكري

canalizador

ساعي البريد

carteiro

جندي

soldado

مهندس معماري

arquiteto

أمين صندوق

caixa

بائع الزهور

florista

حلاق

cabeleireiro

مراقب القطار

controlador de bilhetes

ميكانيكي

mecânico

قبطان

capitão

طبيب أسنان

dentista

رجل العلم

cientista

حاخام

rabino

إمام

imã

راهب

monge

كاهن

pastor

عدة عمل
ferramentas

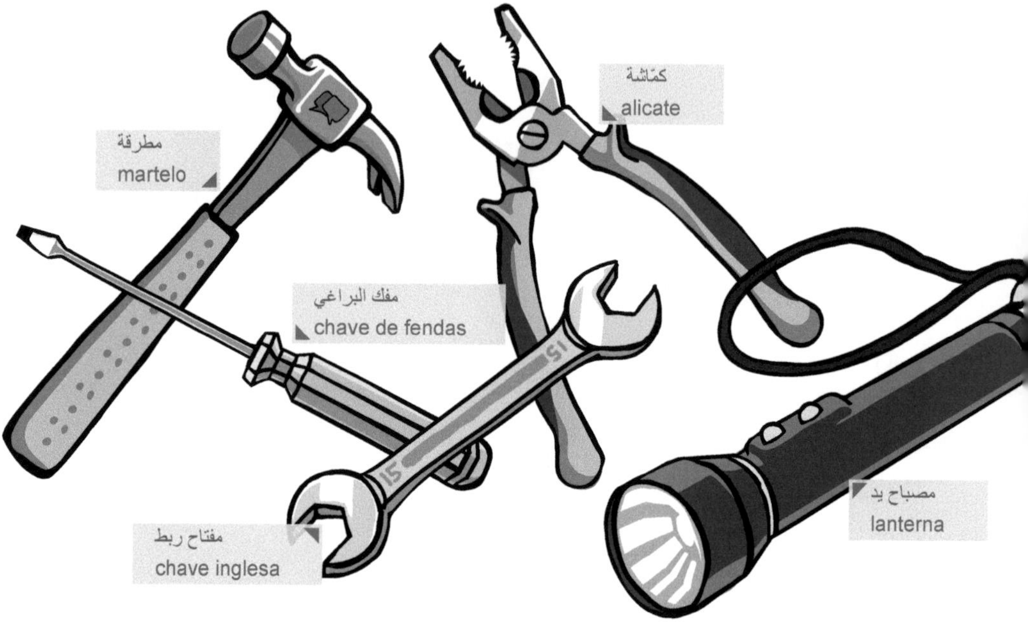

مطرقة
martelo
كمّاشة
alicate
مفك البراغي
chave de fendas
مفتاح ربط
chave inglesa
مصباح يد
lanterna

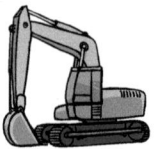

جرافة

escavadora

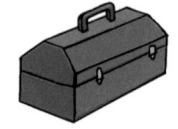

صندوق العدة

caixa de ferramentas

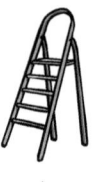

سلّم

escadote

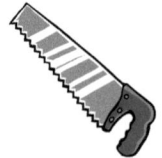

منشار

serra

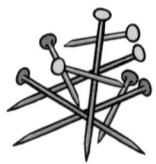

مسامير

pregos

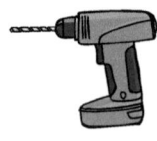

مثقب

broca

يصلح

reparar

مجرفة

pá

اللعنة

porcaria!

لقاطة الكناسة

pá de lixo

سطل الألوان

pote de tinta

براغي

parafusos

آلات موسيقية

instrumentos musicais

آلات الإيقاع
bateria

مكير الصوت
altifalante

غيتار
guitarra

كمان أجهر
contrabaixo

بوق
trompete

بيانو

piano

كمنجة

violino

جهير

baixo

طبل كبير

timbales

طبل

tambor

بيانو كهرباني

teclado

ساكسوفون

saxofone

ناي

flauta

ميكروفون

microfone

حديقة حيوانات

jardim zoológico

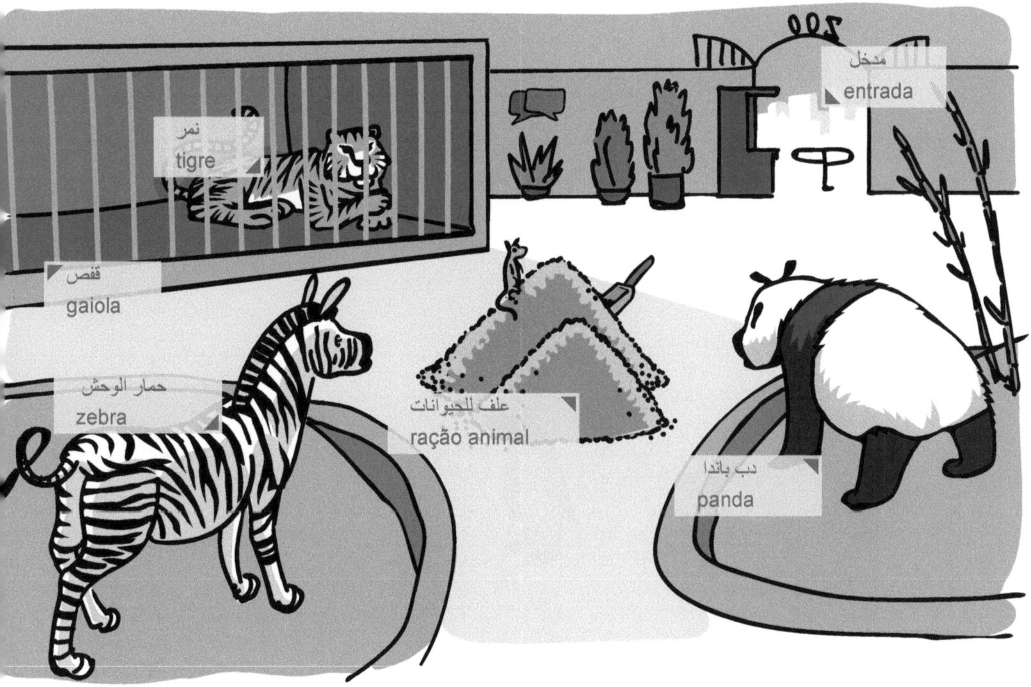

مدخل
entrada
نمر
tigre
قفص
gaiola
حمار الوحش
zebra
علف للحيوانات
ração animal
دب باندا
panda

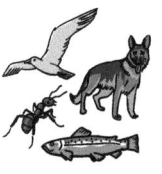

حيوانات

animais

فيل

elefante

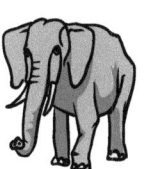

كنغر

canguru

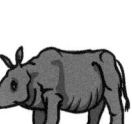

وحيد القرن

rinoceronte

غوريلا

gorila

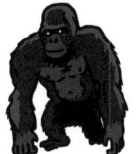

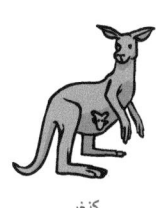

دب

urso

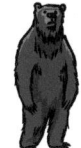

جمل

camelo

نعامة

avestruz

أسد

leão

قرد

macaco

طائر فلامينغو

flamingo

ببغاء

papagaio

دب قطبي

urso polar

بطريق

pinguim

سمك القرش

tubarão

طاووس

pavão

أفعى

cobra

تمساح

crocodilo

حارس في حديقة الحيوان

guarda do jardim zoológico

عجل البحر

foca

نمر أمريكي مرقط

jaguar

فرس قزم

pónei

نمر

leopardo

فرس النهر

hipopótamo

زرافة

girafa

نسر

águia

خنزير برّي

javali

سمك

peixe

سلحفاة

tartaruga

حيوان فظ البحري

morsa

ثعلب

raposa

غزال

gazela

كرة القدم الأمريكية
futebol americano

ركوب الدراجات
ciclismo

كرة التنس
ténis

كرة السلة
basquetebol

السباحة
natação

الملاكمة
boxe

هوكي الجليد
hóquei no gelo

كرة القدم

futebol

الريشة الطائرة

badminton

ألعاب القوى الخفيفة

atletismo

كرة اليد

andebol

التزلج على الثلج

esqui

بولو

polo

يضحك
rir

يقفز
saltar

يعانق
abraçar

يمشي
andar

يُغَنّي
cantar

يحلم
sonhar

يصلّي
rezar

يقبل
beijar

يكتب	يرسم	يُرِي
escrever	desenhar	mostrar

يدفع	يعطي	يأخذ
empurrar	dar	tomar

يملك
....
ter

يعمل
....
fazer

يوجد
....
ser

يقف
....
ficar de pé

يركض
....
correr

يسحب
....
puxar

يرمي
....
remessar

يقع
....
cair

يستلقي
....
deitar

ينتظر
....
esperar

يحمل
....
carregar

يجلس
....
sentar

يلبس
....
vestir

ينام
....
dormir

يستيقظ
....
acordar

ينظر إلى ..

olhar para

يبكي

chorar

يمسّد

acariciar

يمشّط

pentear

يتكلم

falar

يفهم

compreender

يسأل

perguntar

يسمع

ouvir

يشرب

beber

يأكل

comer

يرتب

arrumar

يحب

amar

يطبخ

cozinhar

يقود

conduzir

يطير

voar

يبحر بزورق شراعي

velejar

يحسب

calcular

يقرأ

ler

يتعلم

aprender

يعمل

trabalhar

يتزوج

casar

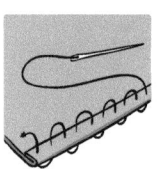

يخيط

costurar

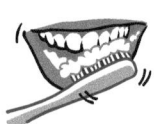

ينظف أسنانه

escovar os dentes

يقتل

matar

يدخّن

fumar

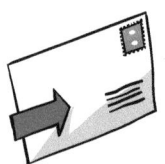

يرسل

enviar

عائلة

família

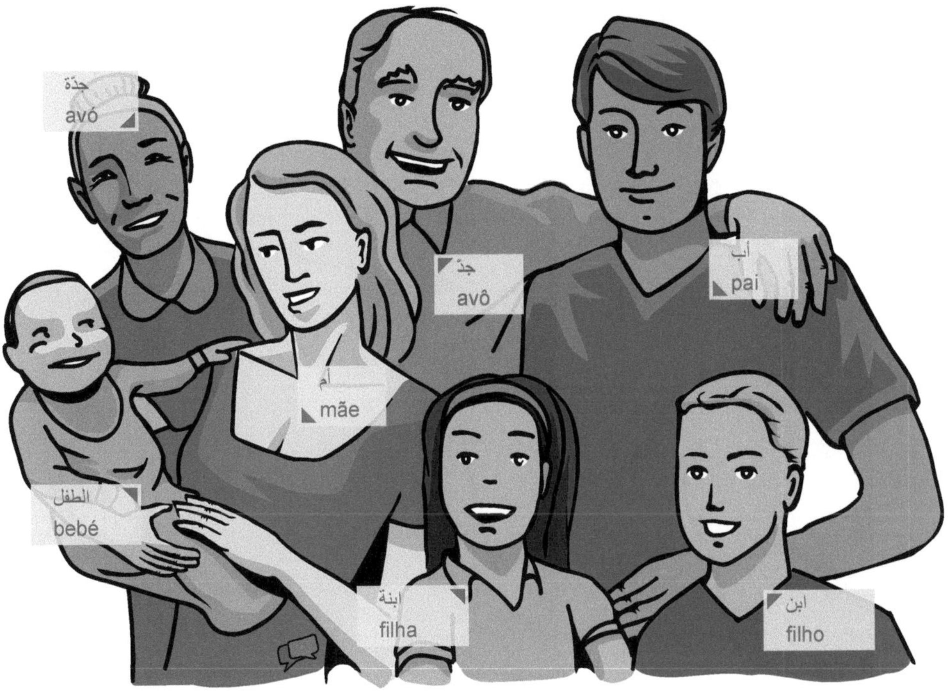

جدّة
avó
جدّ
avô
أب
pai
أم
mãe
الطفل
bebé
ابنة
filha
ابن
filho

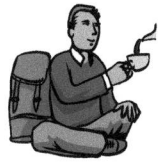

ضيف

....

convidado

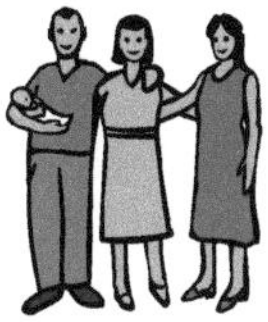

عمّة / خالة

....

tia

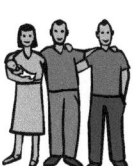

عمّ / خال

....

tio

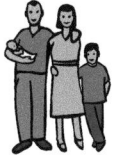

أخ

....

irmão

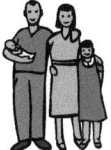

أخت

....

irmã

الجسم

corpo

الجبين
testa
العين
olho
الكتف
ombro
الإصبع
dedo
الوجه
cara
الذقن
queixo
اليد
mão
الساق
perna
الصدر
peito
الذراع
braço

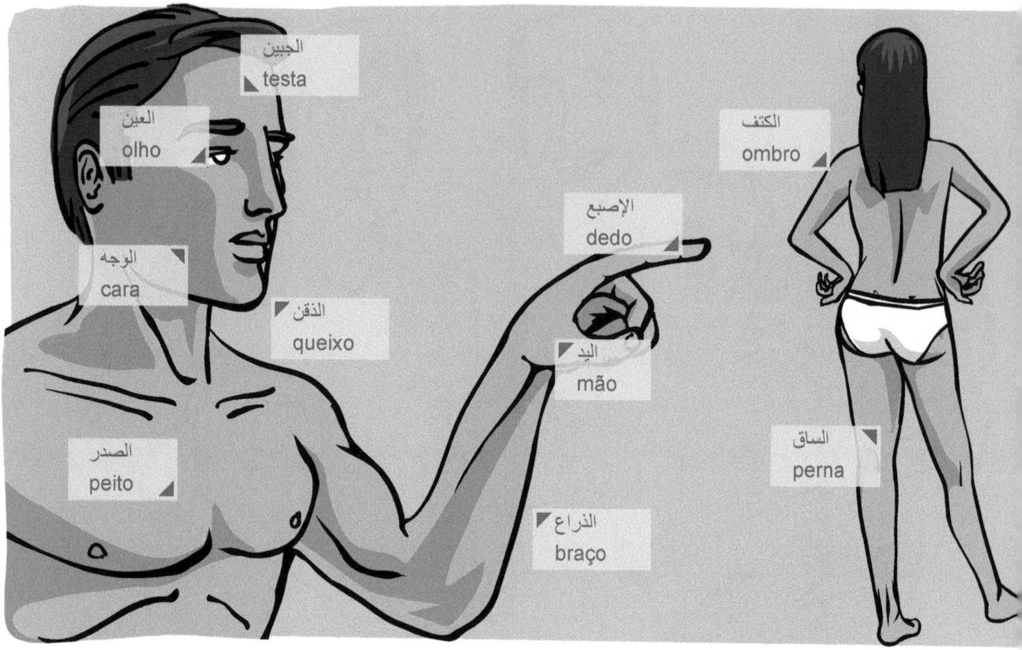

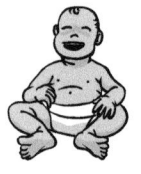

الطفل

bebé

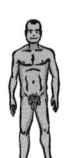

الرجل

homem

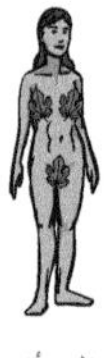

المرأة

mulher

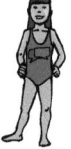

البنت

menina

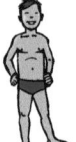

الولد

menino

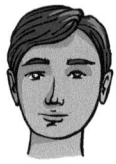

الرأس

cabeça

الظهر

costas

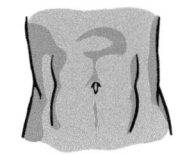

البطن

barriga

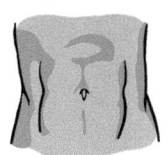

السَّرَّة

umbigo

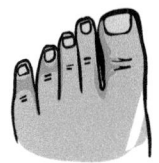

إصبع القدم

dedo do pé

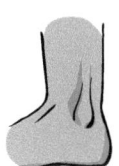

الكعب

calcanhar

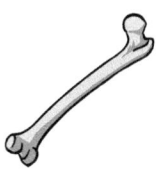

العظم

osso

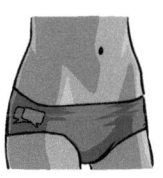

الورك

anca

الركبة

joelho

المِرفق

cotovelo

الأنف

nariz

العَجُز

nádegas

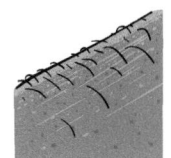

البَشرة

pele

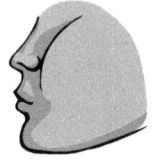

الخد

bochecha

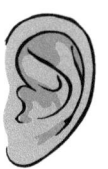

الأذن

orelha

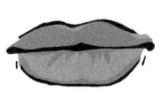

الشَّفة

lábio

الفم

boca

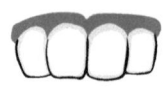

السن

dente

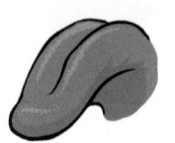

اللسان

língua

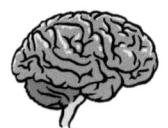

الدماغ

cérebro

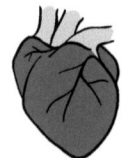

القلب

coração

العضلة

músculo

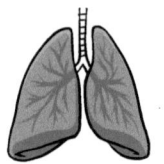

الرئة

pulmão

الكبد

fígado

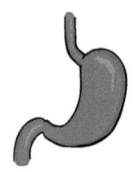

المعدة

estômago

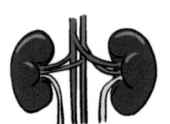

الكلى

rins

الاتصال الجنسي

relações sexuais

الواقي المطاطي

preservativo

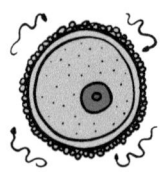

البويضة

óvulo

المنيّ

esperma

الحمل

gravidez

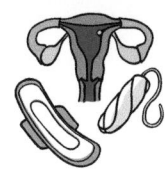

الحيض

menstruação

المهبل

vagina

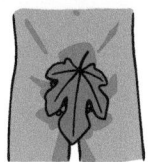

القضيب

pénis

الحاجب

sobrancelha

الشعر

cabelo

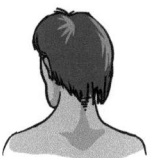

الرقبة

pescoço

المستشفى
hospital

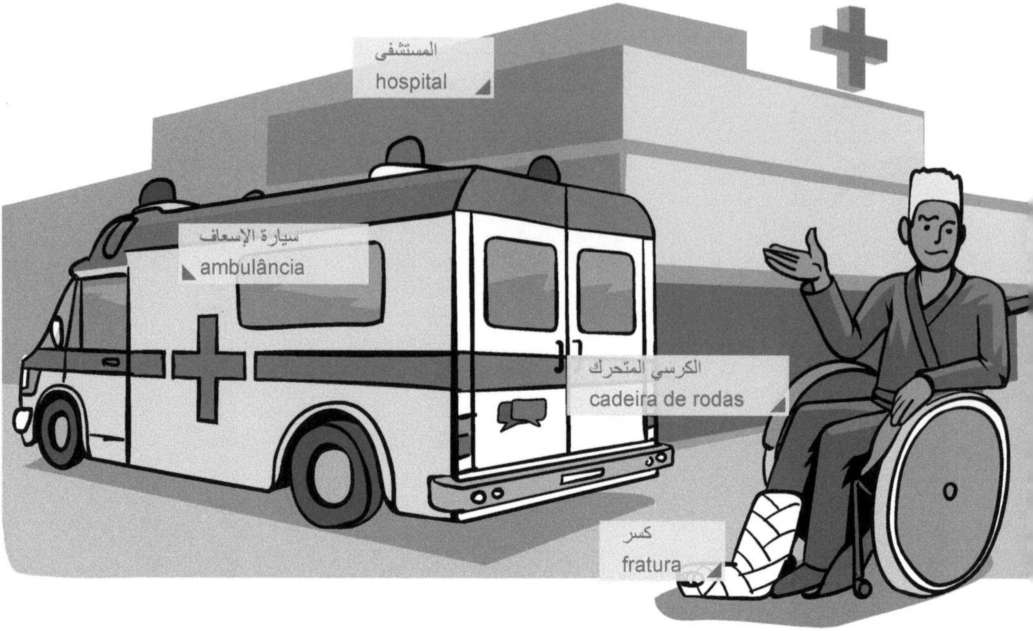

المستشفى
hospital
سيارة الإسعاف
ambulância
الكرسي المتحرك
cadeira de rodas
كسر
fratura

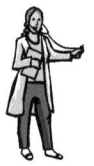

الطبيب

médico

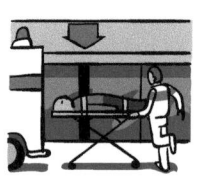

غرفة الإسعاف

serviço de urgências

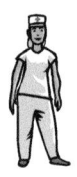

الممرضة

enfermeira

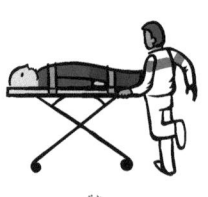

حالة

emergência

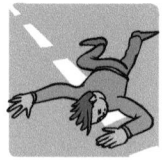

مغمى عليه

inconsciente

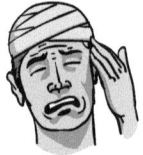

الألم

dor

إصابة

ferimento

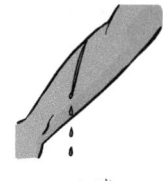

النزيف

hemorragia

احتشاء القلب

ataque cardíaco

جلطة

acidente vascular cerebral

حسسية

alergia

السعال

tosse

الحُمَى

febre

إنفلونزا

gripe

الإسهال

diarreia

وجع الرأس

dor de cabeça

السرطان

cancro

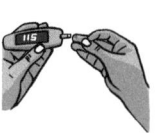

مرض السكر

diabetes

جرّاح

cirurgião

مبضع

bisturi

عملية

operação

سيتي سكان
CT

الأشعة السينية
raio x

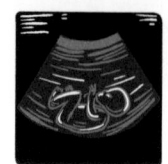

فوق الصوتي
ultrassom

القناع
máscara

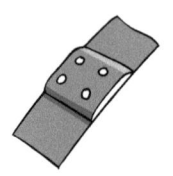

المرض
doença

غرفة الانتظار
sala de espera

العُكاز
muleta

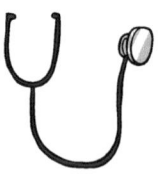

شريط لاصق
penso rápido

ضماد
ligadura

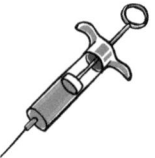

حقنة
injeção

سمّاعة الطبيب
estetoscópio

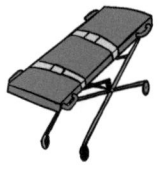

نقالة
maca

ميزان حرارة
termómetro

نقالة
nascimento

ولادة

وزن زائد
excesso de peso

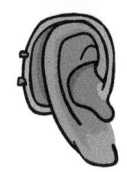

جهاز السمع

aparelho auditivo

المواد المعقّمة

desinfetante

عدوى

infeção

فيروس

vírus

الإيدز

HIV / SIDA

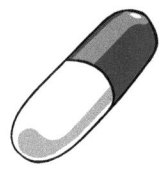

الطب

medicamento

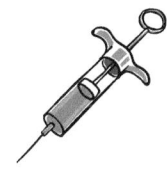

اللقاح

vacinação

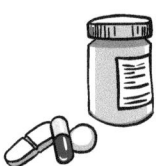

أقراص الدواء

comprimidos

حبّة الدواء

pílula

نداء النجدة

chamada de emergência

مقياس ضغط الدم

dispositivo de medição de
pressão arterial

مريض / صحيح

doente / saudável

النجدة!

Socorro!

إنذار

alarme

اعتداء

assalto

هجوم

ataque

خطر

perigo

مخرج طوارئ

saída de emergência

حريق!

Fogo!

جهاز الإطفاء

extintor de incêndios

حادث

acidente

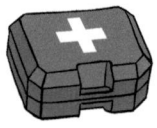

حقيبة الإسعاف الأولي

estojo de primeiros socorros

أنقذونا

SOS

الشرطة

polícia

أوروبا

Europa

أمريكا الشمالية

América do Norte

أمريكا الجنوبية

América do Sul

أفريقيا

África

آسيا

Ásia

أستراليا

Austrália

المحيط الأطلسي

Atlântico

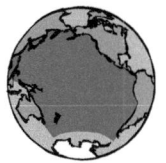

المحيط الهادي

Pacífico

المحيط الهندي

Oceano Índico

المحيط المتجمد الجنوبي

Oceano Antártico

المحيط المتجمد الشمالي

Oceano Ártico

القطب الشمالي

Polo Norte

القطب الجنوبي

Polo Sul

منطقة القطب الجنوبي

Antártica

أرض

terra

بر

país

بحر

mar

جزيرة

ilha

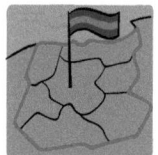

أمة

nação

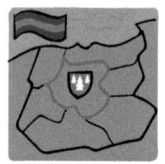

دولة

estado

ميناء الساعة
....
mostrador do relógio

عقرب الساعات
....
ponteiro das horas

عقرب الدقائق
....
ponteiro dos minutos

عقرب الثواني
....
ponteiro dos segundos

كم الساعة الآن؟
....
Que horas são?

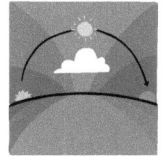

يوم
....
dia

زمن
....
tempo

الآن
....
agora

ساعة رقمية
....
relógio digital

دقيقة
....
minuto

ساعة
....
hora

الإثنين
segunda-feira

الأربعاء
quarta-feira

الجمعة
sexta-feira

الثلاثاء
quinta-feira

الخميس
quinta-feira

السبت
sábado

الأحد
domingo

الأمس
ontem

اليوم
hoje

غداً
amanhã

الصباح
manhã

الظهر
meio-dia

المساء
entardecer

MO	TU	WE	TH	FR	SA	SU
1	2	3	4	5	6	7
8	9	10	11	12	13	14
15	16	17	18	19	20	21
22	23	24	25	26	27	28
29	30	31	1	2	3	4

أيام العمل
dias úteis

MO	TU	WE	TH	FR	SA	SU
1	2	3	4	5	6	7
8	9	10	11	12	13	14
15	16	17	18	19	20	21
22	23	24	25	26	27	28
29	30	31	1	2	3	4

نهاية الأسبوع
fim de semana

سنة

ano

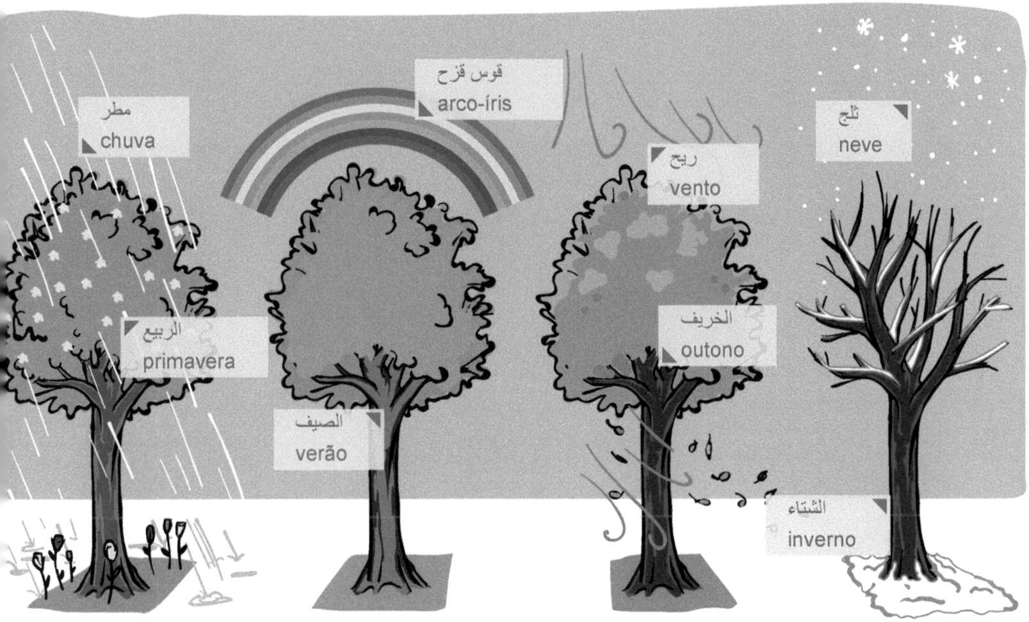
مطر
chuva
قوس قزح
arco-íris
ثلج
neve
ريح
vento
الربيع
primavera
الخريف
outono
الصيف
verão
الشتاء
inverno

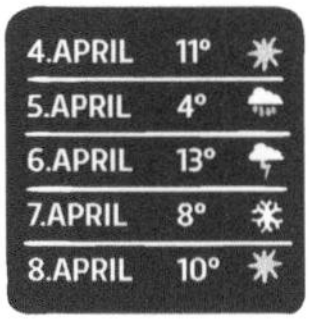
4.APRIL 11°
5.APRIL 4°
6.APRIL 13°
7.APRIL 8°
8.APRIL 10°

التنبّؤ بالحالة الجوية
....
previsão do tempo

F C
120 40
90 30
60 20
30 10
0 0
-30 -10
-20

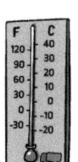

مقياس حرارة
....
termómetro

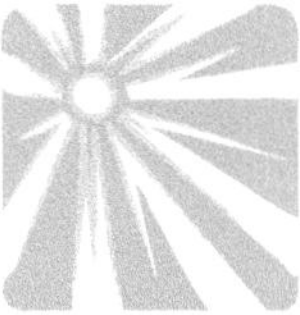

ضوء الشمس
....
raios de sol

سحابة
....
nuvem

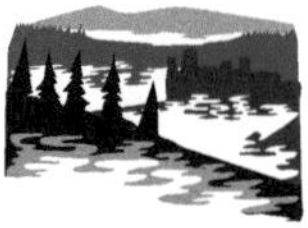

ضباب
....
neblina / nevoeiro

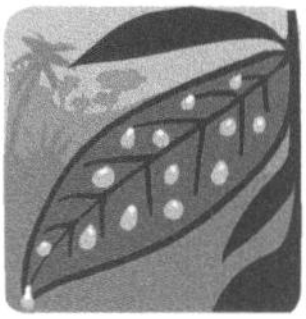

رطوبة الجو
....
humidade do ar

برق
....
relâmpago

رعد
....
trovão

عاصفة
....
tempestade

بَرَد
....
granizo

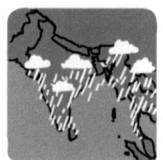

ريح موسمية
....
monção

طوفان
....
inundação

جليد
....
gelo

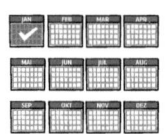

كانون الثاني / يناير
....
janeiro

شباط / فبراير
....
fevereiro

آذار / مارس
....
março

نيسان / أبريل
....
abril

أيار / مايو
....
maio

حزيران / يونيو
....
junho

تموز / يوليو
....
julho

آب / أغسطس
....
agosto

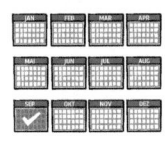

أيلول / سبتمبر
....
setembro

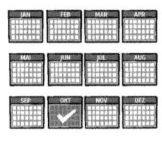

تشرين الأول / أكتوبر
....
outubro

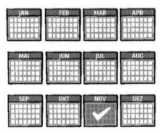

تشرين الثاني / نوفمبر
....
novembro

كانون الأول / ديسمبر
....
dezembro

أشكال
formas

دائرة
....
círculo

مربّع
....
quadrado

مستطيل
....
retângulo

مثلّث
....
triângulo

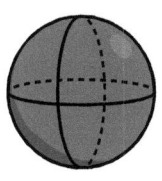

كرة
....
esfera

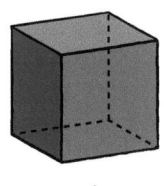

مكعب
....
cubo

أبيض

branco

أصفر

amarelo

برتقالي

laranja

وردي

rosa

أحمر

vermelho

بنفسجي

lilás

أزرق

azul

أخضر

verde

بنّي

castanho

رمادي

cinzento

أسود

preto

كثير / قليل

muito / pouco

غضبان / هادئ

furioso / calmo

جميل / قبيح

lindo / feio

بداية / نهاية

princípio / fim

كبير / صغير

grande / pequeno

فاتح / قاتم

claro / escuro

أخ / أخت

irmão / irmã

نظيف / وسخ

limpo / sujo

كامل / ناقص

completo / incompleto

نهار / ليل

dia / noite

ميت / حيّ

morto / vivo

عريض / ضيّق

largo / estreito

صالح للأكل / غير صالح

comestível / não comestível

شرّير / لطيف

mau / gentil

مثير / ممل

entusiasmado / entediado

سمين / نحيف

gordo / magro

أولاً / أخيراً

primeiro / último

صديق / عدو

amigo / inimigo

مليء / فارغ

cheio / vazio

صلب / لَيّن

duro / macio

ثقيل / خفيف

pesado / leve

جوع / عطش

fome / sede

مريض / صحيح

doente / saudável

غير شرعي / شرعي

ilegal / legal

ذكي / غبي

inteligente / burro

يسار / يمين

esquerda / direita

قريب / بعيد

perto / longe

جديد / مستعمل

novo / usado

لا شيء / بعض الشيء

nada / algo

مسن / شاب

velho / jovem

يشعل / يطفئ

ligado / desligado

مفتوح / مغلق

aberto / fechado

خافت / عالٍ

baixo / alto

غني / فقير

rico / pobre

صح / خطأ

certo / errado

أحرش / أملس

áspero / liso

حزين / سعيد

triste / feliz

قصير / طويل

curto / longo

بطيء / سريع

lento / rápido

مبلول / جاف

molhado / seco

ساخن / بارد

ameno / fresco

حرب / سلم

guerra / paz

números

0

صفر

zero

1

واحد

um

2

اثنان

dois

3

ثلاثة

três

4

أربعة

quatro

5

خمسة

cinco

6

ستة

seis

7

سبعة

sete

8

ثمانية

oito

9

تسعة

nove

10

عشرة

dez

11

أحد عشر

onze

12
اثنا عشر
doze

13
ثلاثة عشر
treze

14
أربعة عشر
catorze

15
خمسة عشر
quinze

16
ستة عشر
dezasseis

17
سبعة عشر
dezassete

18
ثمانية عشر
dezoito

19
تسعة عشر
dezanove

20
عشرون
vinte

100
مائة
cem

1.000
ألف
mil

1.000.000
مليون
milhão

idiomas

الإنكليزية

inglês

الإنكليزية الأمريكية

inglês americano

لغة ماندارين الصينية

chinês mandarim

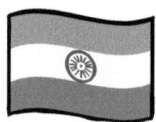

الهندية

hindi

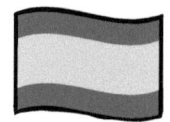

الإسبانية

espanhol

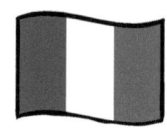

الفرنسية

francês

العربية

árabe

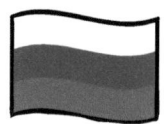

الروسية

russo

البرتغالية

português

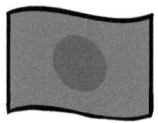

البنغالية

bengalês

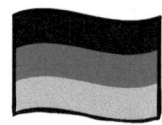

الألمانية

alemão

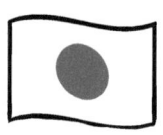

اليابانية

japonês

أنا

eu

أنت

tu

هو / هي

ele / ela

نحن

nós

أنتم

vós

هم

eles / elas

من؟

quem?

ماذا؟

o quê?

كيف؟

como?

أين؟

onde?

متى؟

quando?

اسم

nome

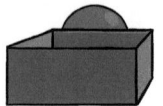

خلف
....
atrás

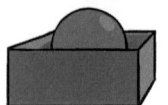

في
....
em

أمام
....
à frente de

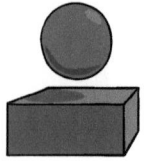

فوق
....
sobre

على
....
em cima

تحت
....
debaixo

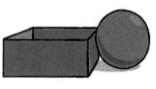

جنب
....
ao lado

بين
....
entre

مكان
....
lugar